AF467098

VALÉRIEN,

OU

LE JEUNE AVEUGLE,

DRAME EN DEUX ACTES

Imité de l'allemand, de Kotzebue.

PAR MM. A. CARRION-NISAS ET T. SAUVAGE,

MUSIQUE DE M. ALEXANDRE.

REPRÉSENTÉ POUR LA PREMIÈRE FOIS A PARIS SUR LE THÉATRE DE LA PORTE ST.-MARTIN LE 17 AVRIL 1823.

PRIX : 1 F.

PARIS,

CHEZ POLLET, LIBRAIRE-ÉDITEUR DE PIÈCES DE THÉATRE, RUE DU TEMPLE, N. 36, PRÈS CELLE CHAPON.

1823.

PERSONNAGES. ACTEURS.

Mad. LOWE, Veuve. . . . . Mad. *Lavaquerie.*

VALÉRIEN, son Fils, aveugle, âgé de 15 ans. . . . . Mad. *Allan-Dorval.*

CAROLINE, Sœur de Valérien, mais d'une autre mère. . . . . Mlle. *Zelie-Mollard.*

(1) KLINKER, Tuteur de Caroline et parent de mad. Lowe . . . . M. *Philippe.*

Mad. WARNING. . . . . Mad. *St-Amand.*

CÉLINE, sa Fille. . . . . Mlle. *Caroline.*

ÉDOUARD, Fils de mad. Warming et Frère de Céline, sous le non de Blum . . M. *Gobert.*

FRITZ, vieux Domestique de mad. Lowe. M. *Vissot.*

---

(1) Ce rôle n'est point un comique, il appartient à l'acteur chargé des premiers rôles.

La scène se passe à Munich vers la fin du siècle dernier.

Vu au ministère de l'intérieur conformément à la décision de S. Ex. en date de ce jour.

Paris, le 17 avril 1823.

Le chef adjoint au bureau des théâtres,
COUPART.

Imp. de Mad. Jeunehomme-Crémière.

VALÉRIEN.

OU

LE JEUNE AVEUGLE,

DRAME.

ACTE PREMIER.

Le théâtre représente un riche salon, chez madame Lowe; des portes de chaque côté et au fond; une table, un piano, des fauteuils.

SCÈNE PREMIÈRE.

Mad. LOWE, puis FRITZ.

(*Mad. Lowe entre et sonne*).

FRITZ, *qui paraît.*

Que désire madame?

MAD. LOWE.

Fritz, parcourez toutes les auberges de la ville; demandez un célèbre médecin arrivé depuis quelques temps à Munich; il se nomme le docteur Blum.

FRITZ.

Le docteur Blum? Oui madame.

MAD. LOWE.

Dès que vous l'aurez trouvé, dites-lui que je le prie de vouloir bien se rendre ici.

FRITZ.

Quand faudra-t-il qu'il vienne?

MAD. LOWE.

Eh! mon Dieu! aujourd'hui s'il se peut, à l'instant même... c'est pour mon fils!

FRITZ.

C'est pour ce cher monsieur Valérien?... J'y cours, madame, j'y cours. (*Il va sortir*).

MAD. LOWE.

Ah! Fritz, dites en sortant à ma belle-fille, mademoiselle Caroline, de venir me parler.

FRITZ.

Oui, madame. (*Il sort.*)

SCÈNE II.

Mad. LOWE, seule.

On le dit très-habile, ce docteur étranger, on vante ses cures merveilleuses ; s'il pouvait rendre la vue à ce cher enfant ! Valérien, mon fils unique, quelle brillante carrière s'ouvrirait devant toi ! Plus d'obstacles à ta félicité, à la mienne ; rang, fortune, mérite, tu réunirais tout... La considération, que la calomnie, avait essayé de m'enlever m'environnerait désormais pour toujours... Ah! mon fils, si M. Blum, réussit, ta mère sera la plus heureuse des femmes.

SCENE III.

MAD. LOWE, CAROLINE.

CAROLINE, *entrant d'un air timide.*

Vous m'avez fait ordonner, madame.

MAD. LOWE, *assise.*

Approchez, Caroline... Vous savez, mademoiselle, que j'ai décidé votre hymen avec le baron Alphen.

CAROLINE.

Mon hymen ?

MAD. LOWE.

Oui. Il semblerait que ce soit quelque chose d'imprévu que je vous annonce là ?

CAROLINE.

Je croyais vous avoir dit, madame, que mon cœur...

MAD. LOWE.

C'est de votre main qu'il s'agit et non de votre cœur ! Vous avez vingt ans.

CAROLINE.

Je le sais... Mais...

MAD. LOWE.

C'est un autre que vous aimez... n'est-ce pas?

CAROLINE.

Oui, madame.

MAD. LOWE.

C'est répondre clairement.

CAROLINE.

Vous-même applaudissiez au choix que j'avais fait d'Édouard.

MAD. LOWE, *se levant.*

Vous prononcez encore ce nom devant moi ! Avez-vous oublié l'impertinente satire qui me rendit le jouet de la cour et de la ville ; qui, sans l'extrême prudence de votre père, lui eût suscité vingt affaires fâcheuses ; qui l'obligea enfin à s'éloigner d'une résidence où le ridicule nous poursuivait?... C'est l'auteur de ce trait horrible que vous aimez !

CAROLINE.

Je l'aimais avant cette fatale étourderie.

MAD. LOWE.

Cette faute, que vous nommez une étourderie, aurait dû pour jamais lui fermer votre cœur.

CAROLINE.

L'exil qu'il s'est imposé lui-même et qui dure depuis six ans, ne l'a-t-il pas bien expié ?

MAD. LOWE.

Jamais je ne lui pardonnerai.

CAROLINE.

Son repentir était si vrai, si sincère !

MAD. LOWE.

Son repentir est venu trop tard ; le mal était fait, il n'a pu le réparer. Je vous le répète, Caroline, vous épouserez le baron Alphen... Moi la belle-mère d'Édouard... jamais. (*Elle sort.*)

SCÈNE IV.

CAROLINE, seule.

Lorsque Édouard se vit forcé de quitter sa patrie (hélas ! sans pouvoir fixer le terme de son retour), je lui promis que mon amour le suivrait partout, et cette promesse seule l'empêcha de s'abandonner à la violence de son désespoir... Je la tiendrai; je saurai résister aux prières comme aux menaces, et si jamais Édouard revient en ces lieux, il retrouvera du moins Caroline fidèle à ses sermens... « Vous n'entendrez « plus parler de moi, me dit-il en s'éloignant, jusqu'à ce que « je puisse reparaître devant vous sans rougir... » Mais comment fera-t-il oublier tous ses torts ?

SCÈNE V.

CAROLINE, Mad. WARNING, CÉLINE.

CAROLINE.

O ciel! je ne me trompe pas! la mère et la sœur d'Édouard.

MAD. WARNING.

Pardon, mademoiselle...

CAROLINE.

Mademoiselle !

MAD. WARNING.

Je ne voudrais pas vous importuner.

CAROLINE.

Vous! pourquoi ne pas dire *toi*, comme autrefois ?

MAD. WARNING.

Dois-je me le permettre, aujourd'hui?

CAROLINE.

Et pourquoi non ? Ma mère (car dès mon enfance je n'en connus jamais d'autre), vous à qui je dois plus que le bonheur, la patience de supporter l'infortune...

MAD. WARNING.

Le temps n'est plus où je pouvais traiter Caroline comme ma fille.

CAROLINE.

Le temps peut-il quelque chose sur l'amour et la reconnaissance? Ai-je donc mérité cette rigueur et me repousserez-vous, parce que depuis six ans, je suis privée du bonheur de vous embrasser ?

MAD. WARNING, *vivement.*

Non, ma chère Caroline! (*Elle l'embrasse*).

CAROLINE.

Ah! j'ai retrouvé ma mère! Et toi, Céline, ma sœur, me diras-tu aussi *vous?*

CÉLINE.

Oh! non... Vous voyez bien, ma mère, que votre Caroline est aussi bonne, aussi aimante qu'autrefois.

CAROLINE.

En auriez-vous douté?

MAD. WARNING.

Pardonne-moi.

CAROLINE.

Mais apprenez-moi, madame, quelle heureuse circonstance vous amène dans cette maison? bien qu'habitant près l'une de l'autre, une distance immense nous sépare, puisqu'il m'est défendu de vous voir... Auriez-vous reçu des nouvelles d'Édouard? reviendrait-il enfin?

MAD. WARNING.

Depuis long-temps, je n'ai rien appris de mon fils.

CAROLINE.

Rien! pauvre mère!

MAD. WARNING.

Et ce n'est point une circonstance heureuse qui me conduit ici: la nécessité seule me force à m'y présenter.

CAROLINE.

La nécessité!

MAD. WARNING.

Ne pourrais-je voir ta belle-mère?

CAROLINE, *étonnée.*

Ma belle-mère!... je vais l'avertir. (*Elle va sortir, Céline la retient*).

CÉLINE.

Et ton frère... Valérien? tu ne nous en parle pas?

CAROLINE.

Hélas! toujours dans le même état, et pourtant toujours doux, sensible, patient... il pense sans cesse à toi, à ton frère.

CÉLINE.

Qui est-ce qui le conduit à présent?

CAROLINE.

Moi, quand on veut bien me le permettre; le plus souvent un domestique.

CÉLINE.

Se rappelle-t-il encore que, toutes les fois que je venais ici, j'étais chargée de ce soin?

CAROLINE.

Oui... il s'en souviendra toujours. (*Elle sort*).

SCÈNE VI.

Mad. WARNING, CÉLINE.

MAD. WARNING.

Qu'est devenu le temps où chaque jour ma famille et celle de madame Lowe se réunissaient dans cette maison; où nous-mêmes, comme deux sœurs, nous confondions nos plaisirs et nos sentimens; où d'aimables projets embellissaient le bonheur présent par l'espoir d'un avenir plus heureux encore? Hélas! celui sur le quel nos regards s'arrêtaient avec le plus de complaisance, a tout détruit!... Édouard!...

CÉLINE.

Comme je reconnais tout ici! tout m'y rappelle les jours de mon enfance! voilà le piano sur lequel Édouard accompagnait Caroline, tandis que nous jouions près de cette table! Valérien et moi (*on entend les sons d'une flûte*). Ah! ma mère, écoutez!

MAD. WARNING.

Eh bien?

CÉLINE.

C'est le son d'une flûte... vous ne vous souvenez pas?... Valérien... il apprenait... c'est lui, sans doute... c'est Valériu!... je vais...

MAD. WARNING.

Arrêtez, ma fille.

CÉLINE.

Ah! maman, il y a si long-temps que je ne l'ai vu!

SCÈNE VII.

Mad. WARNING, CÉLINE, VALÉRIEN.

VALÉRIEN, *paraît à la porte de sa chambre.*

Fritz! Fritz!

CÉLINE.

C'est lui !

VALÉRIEN.

Ah ! (*il écoute*) j'ai cru entendre une voix... qui a retenti jusqu'à mon cœur... mais... non. N'y a-t-il donc personne ici pour me conduire ?

CÉLINE, *s'approchant en tremblant.*

Me voilà !

VALÉRIEN.

Je ne m'étais pas trompé !... cette voix... toi, qui es-tu ?

CÉLINE.

Tu ne me reconnais plus ?

VALÉRIEN.

Dieu ! c'est ma Céline !

CÉLINE.

Mon bon, mon cher Valérien.

VALERIEN.

Chère Céline !... je te retrouve !... c'est à présent que je suis fâché d'être aveugle !

CÉLINE.

M'aimes-tu toujours ?

VALÉRIEN.

Tu vois bien que je vis encore.

CÉLINE.

Oh ! comme j'ai pensé à toi !

VALÉRIEN.

Et moi, quand ils me laissent tous pour aller au bal, au spectacle; quand je demande en vain s'il fait jour ou s'il fait nuit... Ah ! c'est alors que je t'appelle... tu ne m'abandonnais pas, toi ; tu restais auprès de Valérien... Ils disent qu'il y a dix ans que je suis aveugle... mais tu ne viens plus : il y a un siècle.

MAD. WARNING.

Cher Valérien !

VALÉRIEN.

Qui donc est encore ici?

CÉLINE.

C'est ma mère.

VALÉRIEN.

Ta mère ! où est-elle ?... ah ! vite, conduis-moi vers elle.

MAD. WARNING.

Mon enfant !

VALÉRIEN.

Oui ! c'est elle : je reconnais cette voix, que j'avais tant de plaisir à écouter !... Oh ! quand j'ai entendu quelqu'un une seule fois, c'est pour toujours... votre main... votre main... quel heureux jour pour Valérien!... ma vie est si uniforme!

MAD. WARNING.

Personne ne vient donc te voir ?

VALÉRIEN.

Le capitaine Klinker, cousin de ma mère et tuteur de Caroline, me tient souvent compagnie; vous ne le connaissez pas, il ne demeure avec nous que depuis peu. Il cherche à me distraire ; il est si bon, il a une brusquerie si aimable!.. mais cela ne me console pas des lectures que tu me fesais, ma bonne Céline; de ta conversation si pleine de charmes !... Céline, donne-moi aussi ta main... que je suis heureux !... ne vous en allez pas, ne me quittez plus... laisse la moi, cette main... toujours ! tu savais si bien me guider... Ah ! conduis-moi dans le sentier de la vie... conduis-moi jusqu'au tombeau... je puis me passer de voir... mais non me passer d'aimer.

SCÈNE VIII.

Les Précédens, le Capitaine KLINKER.

(*Au moment où madame Warning et Céline voient le capitaine, elles s'éloignent de Valérien*).

KLINKER.

Tu as raison, mon enfant; l'amour est l'âme de la nature. (*apercevant mad. Warning*), votre serviteur, mesdames.

VALÉRIEN.

Soyez le bien venu, capitaine.

KLINKER.

Petit amour aveugle, comment te porte-tu ?

VALÉRIEN.

Oh ! fort bien... aujourd'hui !

KLINKER.

Voilà l'effet de la beauté! elle est comme le soleil : un aveugle même en ressent l'approche... Mais, savez-vous bien que ce salon, n'est pas un lieu très-convenable pour entendre, ou faire des déclarations d'amour ?

MAD. WARNING.

Monsieur...

KLINKER.

Qu'est-ce? mon ton vous paraît singulier? Oh! je suis un original moi ! mais toute la ville s'est accoutumée à mes manières; et, j'espère que vous êtes aussi de la ville; car sans cela, je la quitterais demain.

MAD. WARNING.

C'est la première fois que j'ai l'honneur de vous voir...

KLINKER.

Tantpis et je veux vous voir à présent tous les jours pour réparer le temps perdu.

MAD. WARNING.

Voilà un homme d'un caractère étrange.

VALÉRIEN, *à mad. Warning.*

Le capitaine est un excellent homme; il est gai, il plaisante souvent, mais il n'offense jamais.

MAD. WARNING, *à part en soupirant.*

Mon fils!

KLINKER.

Petit aveugle, je te prendrai pour faire mon oraison funèbre.

VALÉRIEN.

Il se plaît à me donner des consolations. il va quelquefois jusqu'à vouloir me prouver que c'est un bonheur d'être aveugle.

KLINKER.

Certainement! je le soutiens encore.

CÉLINE.

Un bonheur d'être aveugle ?

CLINKER.

Oui, je me fais fort de le démontrer, ma chère enfant... mais pourvu que ce ne soit pas en votre présence; car deux yeux bien ouverts ne sont pas encore assez pour vous regarder.

MAD. WARNING.

Vous vous en tirez par une galanterie, monsieur le capitaine.

KLINKER.

Non... tenez, par exemple, est-ce un grand bonheur de voir les coquins qui figurent dans le monde, les sots revêtus des signes du mérites ? non sans doute, et je le répète nous y gagnerions tous si l'univers était aveugle. D'abord, plus de guerre, chacun resterait bien tranquille chez soi, il y aurait trop de danger à courir le monde; plus de disputes... au moins sur les couleurs; plus d'époux infidèles, puisqu'ils n'auraient pas d'yeux pour des beautés étrangères; jamais un beau cavalier ne ferait tourner la tête à nos dames, elles ne ruineraient plus leurs maris en cachemires, en diamans, en beaux équipages, puisqu'elles ne pourraient plus les faire voir dans les promenades publiques; et puis quels avantages pour les laides! On commencerait à faire plus de cas de l'esprits; les belles ne riraient plus sans raison, car on ne leur pardonnerait plus en faveur de leurs jolies dents; les petits maîtres ne minauderaient plus; les hypocrites jetteraient leur masque; la justice il est vrai demeurerait aveugle, comme elle l'est déjà; mais l'amour ! oh ! ma foi, l'amour y verrait bien plus clair... bref ! mesdames, si je ne vous avais pas encore vues, et si je connaissais un pays où il n'y eut que des aveugles, je voudrais le devenir à l'instant et je partirais dès ce soir

VALÉRIEN.

Eh bien ! n'est-ce pas qu'il a prouvé ? n'a-t-il pas raison ?

KLINKER.

Bah ! tu dis celà parce que tu es aveugle, (*regardant Céline*), et moi, à présent, je soutiens le contraire.

VALÉRIEN.

Ah ! si je pouvais seulement voir ma Céline !

KLINKER.

Quelle est donc cette Céline ?

MAD. WARNING.

Sa compagne d'enfance; Valérien et ma fille ont été élevés ensemble.

KLINKER.

Je ne m'étonne plus s'il est si doux ce matin.

MAD. WERNING.

Autrefois, l'on nous recevait dans cette maison comme des amis.

KLINKER.

Et actuellement?

MAD. WARNING.

Nous y paraissons en suppliantes.

KLINKER.

C'est dommage que vous n'ayez pas de requête à m'adresser... je serais très-disposé à vaus être agréable.

SCÈNE IX.

Les Précédens, Mad. LOWE.

MAD. LOWE, *avec hauteur.*

Vous voici, madame! qu'y venez-vous chercher?

MAD. WARNING.

Votre compassion.

VALÉRIEN, *d'un air suppliant.*

Maman!

MAD. LOWE.

Que faites-vous dans ce salon, Valérien?

VALÉRIEN.

Je suis venu appeler Fritz.

MAD. LOWE.

Et qui vous a conduit hors de cette chambre?

VALÉRIEN.

Leur voix... Ah! maman, je suis si content!... ma bonne Céline est ici!

MAD. LOWE.

Valérien... je vous avais dit que toutes ces liaisons d'enfance devaient être oubliées.

VALÉRIEN.

Oubliées?... un aveugle n'oublie jamais.

KLINKER, *impatienté, à madame Wraning.*

Madame, je vous empêche peut-être d'expliquer le sujet de votre visite; si je vous gène, je me retire.

MAD. WARNING.

Restez, monsieur le capitaine; je ne rougis pas de mon malheur... madame... celle qu'autrefois vous honoriez du nom de votre amie, avec laquelle vous vouliez bien partager votre fortune, se voit aujourd'hui dans une position fort triste; ma santé est affaiblie; ma fille travaille nuit et jour; mais son zèle ne saurait égaler nos besoins.

MAD. LOWE

Et monsieur votre fils, ne vous envoie-t-il aucun secours? c'était un bel esprit, un génie; il doit avoir fait fortune.

VALÉRIEN, *d'un air peiné.*

Je veux m'en aller!

MAD. WARNING.

La veuve Blanden n'est plus, madame; sa mort a éteint une pension qu'on lui payait sur la cassette du prince : son altesse daigna autrefois promettre qu'en circonstance pareille elle se souviendrait de moi...

MAD. LOWE.

Oui, mais c'était dans un temps!

MAD. WARNING.

Mon mari, vous le savez, servit jusqu'à sa mort avec honneur et fidléité!

MAD. LOWE.

Madame paraît oublier que les torts de son fils ont surpassé de beaucoup les mérites de son époux.

MAD. WARNING.

J'avoue que mon fils a eu des torts; est-ce à moi de les expier? ou plutôt ne les ai-je pas déjà expiés cruellement?

MAD. LOWE.

Les parens sont coupables des fautes de leurs enfans, lorsqu'une mauvaise éducation....

VALÉRIEN.

De grâce, que quelqu'un me reconduise!

MAD. WARNING.

C'est à mon ancienne amie, à la veuve de l'ami de mon

époux que j'ose m'adresser : voici un placet, si vous voulez le présenter....

MAD. LOWE.

Madame, votre fils a rendu votre nom si fameux que personne ne peut le prononcer devant le prince, et il m'appartient moins qu'à tout autre... j'ai l'honneur de vous saluer. (*elle fait quelques pas et revient.*) Si vous écrivez à M. Édouard Warning, rappelez-moi à son souvenir ; et quant à lui, il ne sortira jamais de ma mémoire. (*Elle sort*).

SCÈNE X.

Mad. WARNING, CÉLINE, KLINKER, VALÉRIEN.

KLINKER, *à part.*

Quelle dureté. (*à madame Warning*). Est-ce que votre fils se nomme Warning?... repondez, madame...

MAD. WARNING.

Oui, monsieur, c'est le nom de cet infortuné, qui, par un abus, hélas! bien coupable, de son esprit, a causé son malheur et celui de toute sa famille. Nous étions privés de biens et d'appui; madame Lowe savait, par ses bienfaits, nous faire oublier les torts de la froune, lorsqu'une fatale satire... Cependant le cœur d'Édouard n'était point ingrat.

KLINKER, *préoccupé.*

Warning... c'est bien cela !

MAD. WARNING, *surprise.*

Vous le connaissez ?

KLINKER.

Si je le connais? Ah ! par ma foi, sans lui il y a long-temps que j'aurais fait le voyage de l'autre monde... J'ésais à Venise condamné par tous les médecins, et votre fils m'a guéri.

VALÉRIEN.

Il vous a guéri ! et comment ?

KLINKER.

Je n'en sais rien, vraiment ; mais ce que je sais fort bien, c'est que M. Warning est un très-habile médecin.

MAD. WARNING.

Médecin ! vous vous trompez... Il ne sait pas un mot de médecine.

KLINKER.

C'est peut-être pour cela qu'il m'a guéri. Au reste si ce n'est pas lui, c'est quelqu'un qui porte le même nom, et ce nom m'inspirera toujours de l'intérêt. Donnez-moi votre placet; je m'en charge, et je m'en occuperai dès aujourd'hui.

MAD. WARNING.

Quoi, monsieur! vous voulez bien, sans me connaître...

KLINKER.

Vous ne me connaissez pas non plus; mais vous pouvez vous informer du capitaine Klinker, personne ne vous en dira du mal; c'est beaucoup : pour le bien, on ne le répète jamais.

SCÈNE XI.

Les Précédens, CAROLINE.

(*Pendant que sa belle-mère était en scène, elle a plusieurs fois regardé à la porte; tout-à-coup elle entre en courant, et embrassant Céline, elle lui met une petite bourse dans la main*).

C'est pour toi que j'ai ménagé cela. (*Elle va ensuite à madame Warning, lui baise tendrement la main et disparaît*).

SCÈNE XII.

Les Précédens, excepté CAROLINE.

CÉLINE.

Maman, dois-je garder?...

MAD. WARNING.

C'est de bon cœur qu'elle le donne; nous l'affligerions en refusant.

KLINKER, *prenant Céline à part.*

C'est une bonne fille que Caroline! Permettez, mademoiselle. (*il prend la bourse des mains de Céline et l'examine*) Pauvre enfant, que de temps il t'a fallu pour amasser cet or! (*il cache la bourse et y substitue la sienne*) Tenez.

CÉLINE, *qui s'aperçoit de l'échange.*

Mais, monsieur... ce n'est pas la même bourse...

KLINKER, *avec confidence.*

Taisez-vous donc, de grâce, taisez-vous !

VALÉRIEN.

Venez ici, mon cher capitaine.

KLINKER.

Que veux-tu ?

VALÉRIEN.

Vous embrasser.

SCÈNE XIII.

Les Précédens, Mad. LOWE.

MAD. LOWE, *appelant.*

Valérien ! Valérien ! (*apercevant madame Warning et continuant à s'adresser à Valérien*) Ne vous avais-je pas défendu ?...

MAD. VARNING.

Je vous entends, madame ; je me retire... Viens, ma fille. (*elles s'en vont en fesant une révérence à madame Lowe, qui la leur rend d'un air dédaigneux. A Klinker*) M. le capitaine, il est des personnes que l'on n'oublie jamais.

KLINKER, *les reconduisant négligemment.*

C'est bien ! c'est bien ! (*à Valérien à mi-voix*) Petit aveugle, il est bon quelquefois d'être muet.

CÉLINE, *en sortant, bas à Valérien.*

Toi, ne m'oublie pas.

VALÉRIEN.

Tu t'en vas?... Pauvre Valérien !... Encore seul (*Le capitaine conduit madame Warning et sa fille jusqu'à la porte du fond, et sort par une autre porte, en portant ses regards vers madame Lowe, d'un air mécontent*).

SCÈNE XIV.

MADAME LOWE, VALÉRIEN.

MAD. LOWE.

D'où viennent ces airs d'intelligence, entre madame Warning et le capitaine ? que s'est-il donc passé?

VALÉRIEN.

Pouvez-vous me le demander? hélas ! je suis un témoin inutile.

MAD. LOWE.

Tu n'as rien entendu ?

VALÉRIEN.

Rien... si ce n'est votre dureté pour Céline et sa mère ; vos discours m'ont fait un mal !

MAD. LOWE.

As-tu donc oublié l'insulte d'Édouard envers ta mère ?

VALÉRIEN.

Je voudrais le pouvoir... je l'oublierais sans doute, si chaque jour vous ne preniez soin de me le rappeler. Mais faut-il punir la sœur pour la faute du frère? O maman! comme vous pourriez soulager mes douleurs en me donnant pour guide...

MAD. LOWE, *l'interrompant et cherchant à changer de conversation.*

Valérien ! te soulager, te guérir, n'est-ce pas le plus cher de mes vœux?... Tu ne sais pas le bonheur qui t'attend ?

VALÉRIEN.

Moi !

MAD. LOWN.

Peut-être que bientôt tu n'auras plus besoin de guide.

VALÉRIEN.

Est-ce que je vais mourir ?

MAD. LOWE.

Quelle idée !... j'attends aujourd'hui, la visite d'un célèbre médecin.

VALÉRIEN.

Peut-il me guérir !

MAD. LOWE.

Je l'espère, mon fils.

VALÉTIEN.

Ah ! je verrai donc Céline !

MAD. LOWE, *sévèrement d'abord.*

Mon fils !... (*tendrement*) N'en parle plus, mon ami...

VALÉRIEN, *tandis que sa mère l'emmène.*

Si je ne puis voir Céline, qu'on me laisse aveugle !

FIN DU PREMIER ACTE.

ACTE II.

Le théâtre représente le dehors de la ville; la modeste habitation de madame Warning est au fond; sur le devant, un berceau de verdure à gauche, à droite l'entrée principale de l'hôtel de madame Lowe; au premier plan, nu pavillon attenant à la maison et quelques arbres; l'entrée du pavillon fait face au spectateur, et on y arrive par des degrés.

SCÈNE PREMIÈRE.

BLUM, dans le fond.

Depuis mon retour dans cette ville, un pouvoir irrésistible me ramène sans-cesse vers ces lieux... C'est là qu'habite ma mère, c'est là que sans être aperçu d'elle, j'ai quelquefois le bonheur de la voir... C'est sous ce berceau, témoin des premiers jeux de mon enfance, que je connus Caroline et l'amour... Il me prêtait son ombrage lorsque je composais ces fatales épigrammes... Six années n'ont rien changé à cette retraite... La nature y est toujours aussi belle, aussi jeune... Mais ce cœur que le malheur a flétri, que les passions ont usé, ne saurait renaître aux plaisirs, à la joie... Un seul espoir me reste et me console... c'est de soulager ma mère; et de me faire connaître à cette mère chérie, à ma sœur, à ma Caroline, lorsque je serai vraiment digne de leur tendresse, lorsque j'aurai sous ce nom de Blum, sous ces traits changés par le temps et l'infortune, reparé le mal que les torts de ma jeunesse ont fait à ma famille... Oui, c'est le seul parti qui convienne à ma situation. (*Il va s'assoir sous le bercean et tombe dans une reverie profonde.*)

SCÈNE II.

BLUM, KLINKER.

KLINKER, *qui est déjà entré, à part.*

Plus je regarde, plus il me semble que je connais cet homme!

BLUM.

Il me souvient que jadis à cette place, près de ce berceau, je plantai un saule... Alors je commençais par les travers de mon esprit à causer les chagrins de ma mère... Le saule n'existe plus... Et les larmes de ma mère coulent encore.

KLINKER.

Ma fois, c'est lui! (*s'approchant*) vous à Munich, mon cher docteur?

BRUM, *hésitant*.

Monsieur.

KLINKER.

Vous ne me reconnaissez pas? Ah! c'est tout simple... vous m'avez sauvé la vie! voilà comme vous êtes, vous!

BLUM.

Je suis surpris de vous trouver dans ce pays.

KLINKER.

Las de courir le monde, je quittai Venise pour achever mes jours à Munich, auprès d'une de mes parentes, et cette résolution me fut suggérée par l'ennui que me causait le départ de mon cher Warning.

BLUM.

Ne me donnez pas ce nom.

KLINKER.

Pourquoi?

BLUM.

Ici, je me nomme Blum.

KLINKER.

Blum! quoi! vous seriez aussi ce docteur dont toute la Bavière s'entretient depuis deux mois! et quel motif vous porte à cacher votre nom, quand la moitié des talens que vous possédez suffirait pour rendre célèbre celui du plus honnête homme?

BLUM.

Tant que je m'appelle Blum, je puis faire quelque bien; le nom de Warning me rendrait odieux à mes compatriotes.

KLINKER.

Oui, oui... je sais... vos saillies vous ont fait des ennemis.

BLUM.

Sans nombre! ah! si quelqu'un me demandait des conseils

je lui répéterais sans cesse de laisser les sots en paix... on ignore trop à quel point ils sont dangereux ?

KLINKER.

Vous avez raison : il ne faut pas se battre seul contre une armée.

BLUM.

Sans aucun espoir d'avancement, de protection, de fortune, j'avais quitté ma ville natale, avec le remords affreux d'avoir causé le malheur d'une mère, d'une sœur, d'une maîtresse adorées.

KLINKER.

Vous aviez quitté tout ensemble votre famille et votre maîtresse ! je ne m'étonne plus si vous étiez si triste sous ce beau ciel d'Italie.

BLUM.

J'errai long-temps dans le plus cruel dénuement, enfin la fortune me sourit un instant ; je fus chargé de conduire un jeune comte à l'académie, et de l'accompagner dans ses voyages : c'est là que j'eus occasion d'acquérir quelques connaissances nouvelles, de faire quelques découvertes dans l'art de guérir, et j'en profitai.

KLINKER.

Et la preuve, c'est que me voici.

BLUM.

Mon but était de posséder un jour assez de talens pour forcer mon pays à oublier les écarts de ma jeunesse.

KLINKER.

Mon ami, les hommes oublient, pardonnent tous les excès ; mais une épigramme, une plaisanterie, jamais.

BLUM.

J'en fais la triste expérience, j'arrive en Bavière sous un nom supposé : ces vêtemens, six ans d'exil et de chagrins me rendent méconnoissable à tous les yeux ; je cherche toutes les occasions d'être utile, et je recueille tout ce que l'on dit d'Édouard... Hélas ! son nom est encore détesté ! et j'entends répéter chaque jour : c'était un méchant, un cœur ingrat.

KLINKER.

Phrases banales !

BLUM.

Me voilà à Munich près des objets qui me sont les plus

chers, sans pouvoir leur apprendre qui je suis ; irai-je me présenter à ma mère, sans avoir les moyens de la dédommager de tout ce quelle a souffert pour moi ? Irai-je tromper celle qui m'aimait, la flatter d'espérances éloignées, et sans doute mensongères ? Non ! ma détermination est inébranlable, Blum ne redeviendra Édouard Warning que lorsque à force de mérite, il aura reconquis l'amour et l'estime de ses concitoyens.

KLINKER.

Mais n'est-ce pas déjà fait ? la ville retentit du bruit de vos talens.

BLUM.

Savez-vous comment je suis parvenu à me faire un nom ? J'avais guéri beaucoup de pauvres des infirmités les plus graves; et personne n'avait encore parlé de moi ; enfin, le hasard me conduit chez une petite maîtresse à vapeurs; elle se croyait mourante et n'avait qu'une migraine ; je la guéris et je vois la foule accourir sur mes pas.

KLINKER.

Mon ami, mon ami ! prenez garde ! vous n'avez pas perdu tout-à-fait le goût de la satire.

BLUM.

Mais ma principale ressource est dans ma mémoire auquel je travaille depuis plusieurs années.

KLINKER.

Un mémoire ! on ne le lira pas.

BLUM.

Peu m'importe, pourvu que le prince le lise ; lui seul peut l'apprécier. C'est le fruit de longues études, l'espoir de mon avancement, de ma renommée, et surtout le seul moyen de soulager ma mère... On m'a dit qu'elle était bien pauvre.

KLINKER.

Elle est pauvre, il est vrai; mais son infortune n'est rien auprès de son courage, de sa résignation angélique... Je ne la connais que depuis ce matin. Que j'en veux à madame Lowe de m'avoir privé si long-temps du plaisir de connaître madame Warning et l'aimable Céline !... Mon ami, je puis seconder vos projets : Je dois voir le prince pour une autre affaire qui vous intéresse aussi ...

BLUM, *l'interrompant.*

Qui m'intéresse !

KLINKER.

Oui, oui, je vous expliquerai cela... si vous voulez me confier votre mémoire, je me charge de le remettre à son altesse.

BLUM.

Quoi ! vous pourriez !... Ah ! vous me rendrez au bonheur... et ma reconnaissance...

KLINKER.

Allez-vous me remercier ? Et vous, ne m'avez-vous pas sauvé la vie ?... Votre mémoire ? (*Blum le lui remet*) Voici le moment où le prince donne ses audiences... Adieu, mon ami.

BLUM, *très-pénétré et lui serrant la main.*

Mon cher capitaine, non, je n'oublierai jamais...

KLINKER.

C'est bon, c'est bon ; nous parlerons de cela un autre fois.

SCÈNE III.

BLUM, seul.

Ce brave Klinker ! je ne l'ai vu qu'un instant dans ma vie : il m'offre ses services, il m'a gardé son affection ; et les compagnons, les amis de mon enfance me détestent pour des torts qui ne les ont point atteints, et me repousseraient de leurs bras. (*pause*) Je n'ai pas osé l'interroger sur Caroline ; lui demander si elle songeait quelquefois au pauvre Edouard... Je tremblais de découvrir quelque nouveau sujet de douleur... Si le temps, si l'ignorance de mon sort et la haine obstinée de sa belle-mère m'avaient banni de sa pensée... Mais, non... non, Caroline, je ne saurais le croire. (*Il retourne vers le berceau. Céline sort de la maison, tenant à la main un ouvrage de femme ; elle veut aller travailler sous le berceau, aperçoit Blum et s'arrête*).

SCÈNE IV.

BLUM, CÉLINE.

CÉLINE, *à part.*

Un étranger !

BLUM.

Que vois-je !... Ma sœur !... Dieu ! si près d'elle, ne puis-je lui parler ?... Si elle me reconnaît !... Oh ! non : elle était si jeune quand je quittai le pays ! Elle me connaît plus par les chagrins de ma mère que par ses propres souvenirs.

CÉLINE, *à part.*

Il semble vouloir m'aborder; il a l'air malheureux !

BLUM, *très-embarrassé.*

Oserai-je vous prier, mademoiselle, de me dire... si ce n'est pas ici que demeure madame Warning ?

CÉLINE.

C'est ici même, monsieur; et je suis sa fille.

BLUM.

Sa fille ! Quelle joie pour moi de voir la sœur de mon ami !

CÉLINE.

Quoi ! monsieur ! vous seriez l'ami de mon frère !

BLUM.

Nous avons voyagé ensemble en Italie.

CÉLINE, *courant vers la maison.*

Ma mère ! ma mère ! (*revenant*) Oh ! monsieur, qu'elle aura de plaisir à vous recevoir ! Mon pauvre frère ! (*elle entre dans la maison en criant*) Ma mère ! venez ! Voici un étranger qui est l'ami d'Édouard.

SCÈNE V.

BLUM, seul.

Qu'ai-je fait ?... je n'avais pas prévu... ma mère !... comment soutenir ses regards ? Fuyons, fuyons... fuir devant ta mère, malheureux !... Elle vient !

SCÈNE VI.

BLUM, Mad. WARNING, CÉLINE.

MAD. WARNING, *accourant.*

Où est-il ?

CÉLINE, *le lui montrant.*

Ici.

MAD. WARNING.

Serait-il vrai monsieur ?... Ma fille m'a dit... ah ! je ne puis parler.

BLUM, *à part.*

Elle m'aime encore !

MAD. WARNING.

Vous l'avez vu ! il existe ! où est-il maintenant ?

BLUM, *toujours très-embarrassé.*

Il était, il y a peu de temps, à Florence.

MAD. WARNING, *à part.*

Ces traits... cette voix... si je n'étais sure... (*haut*) et pense-t-il encore à sa famille ?

BLUM.

Il ne respire que pour elle.

MAD. WARNING.

Plus de doute... c'est lui !... ah ! tâchons de nous contraindre... (*haut*) pourquoi me cache-t-il son sort ?

BLUM.

Il est malheureux ! il ne veut pas vous affliger, et puis il fut coupable.

MAD. WARNING.

Et n'a-t-il pas déjà mérité son pardon ?

BLUM.

Non tant que vous souffrirez des suites de ses fautes.

MAD. WARNING, *cherchant à se contenir.*

Achevez de m'instruire... monsieur... ce dangereux penchant...

BLUM.

Ah ! madame, il a aujourd'hui ce cruel travers en horreur.

MAD. WARNING.

Oh ! si j'en étais certaine !

BLUM.

N'en doutez pas ; une dure expérience, dont il se souviendra toute sa vie, l'a corrigé en l'éclairant : il a appris que c'est par la bienveillance seule qu'on peut rendre les hommes meilleurs, et non en versant sur eux le fiel de la satire.

MAD. WARNING.

Ah ! Céline ! (*à part*) Je n'y résiste plus, (*haut*) embrasse moi, mon fils !

BLUM, *tombant à genoux.*

Ma mère !

MAD. WARNING.

C'est maintenant que ta mère est heureuse, c'est maintenant qu'elle est fière de toi !

BLUM.

Ma Céline !!

CÉLINE.

Édouard !!

SCÈNE VII.

Les Précédens, FRITZ.

FRITZ, *dans le fond.*

On dit que c'est par ici que je dois le trouver ; c'était bien la peine de m'envoyer à l'autre bout de la ville ; si l'on m'avait appris au moins quelle mine, quelle tournure il a ce docteur ? Mais courir ainsi tous les quartiers sans savoir seulement... (*Il aperçoit madame Warning et salue*).

CÉLINE.

C'est le vieux Fritz !... Que désirez-vous, mon ami ?

FRITZ

Je cherche le docteur Blum, mademoiselle.

BLUM.

Que lui voulez-vous ? c'est moi.

MAD. WARNING, *à part.*

Lui !

FRITZ.

Ma foi, tant mieux ! ce n'est pas sans peine, dieu merci ! il y a deux heures que je vous cherche partout ; c'est M. le capitaine Klinker qui ma dit que vous étiez ici. Je viens de la part de madame Lowe.

BLUM ET MAD. WARNING.

Madame Lowe !

FRITZ.

Oui, monsieur le docteur... elle a recours à votre science.

BLUM.

Et madame Lowe a assez de confiance en moi ?

FRITZ.

Oh ! je le crois bien ! qui n'en aurait pas, d'après tout ce qu'on raconte de vos talens? Je suis chargé de vous faire toutes les instances possibles.

BLUM, *à part.*

Le voici donc, ce jour que j'ai tant désiré ! Caroline, je puis encore espérer !... (*à Fritz*) J'irai chez madame Lowe.

FRITZ.

Oh ! monsieur si vous guérissez mon jeune maître, toute la maison vous bénira ; je cours prévenir madame.

CÉLINIE.

Oh ! comme je... comme Caroline serait contente !

SCENE VIII.

Les Précédens, excepté FRITZ.

BLUM, *à madame Warning.*

Si ma mère elle même a hésité à me reconnaître, madame Lowe ne verra point dans le docteur Blum, cet Édouard si léger que jadis elle n'a connu qu'un moment.

MAD. WARNING.

Mon cher Édouard, fais ce qu'elle désire... Oui... elle m'a bien attristée, bien outragée ; mais puisse-t-elle devoir à mon fils le bonheur du sien ! et que ce soit là notre seule vengeance. (*Madame Lowe paraît, madame Warning et sa fille se retirent.*)

SCÈNE IX.

Mad. LOWE, BLUM.

(*Fritz entre avec madame Lowe et lui montre le docteur*).

MAD. LOWE.

Soyez le bienvenu, monsieur le docteur... comptez sur toute la reconnaissance d'une mère.

BLUM.

J'emploierai tous mes soins, madame.

MAD. LOWE.

J'ai déjà été trompée bien souvent dans mon attente; mais la réputation dont vous jouissez, me donne de nouvelles espérances.

BLUM.

Je ne puis m'engager à rien, que je n'aie vu votre fils.

MAD. LOWE.

Il est là, dans ce pavillon qu'il préfère au reste de la maison, parce que le chant des oiseaux et le parfum des fleurs y arrivent plus aisément jusqu'à lui... je vais vous l'amener. (*Fausse sortie.*)

BLUM, *la retenant.*

Je vous prie de ne pas lui dire que je suis ici; je veux le voir sans lui parler.

MAD. LOWE.

Je vous obéirai, monsieur. (*Elle entre dans le cabinet*).

SCÈNE X.

BLUM, seul.

Cette précaution n'est pas inutile : un aveugle a des organes si fins !... Valérien, mieux que sa mère, hélas! mieux que sa sœur peut-être! reconnaîtrait ma voix et me découvrirait avant le temps.

SCÈNE XI.

BLUM, mad. LOWE, VALÉRIEN, conduit par sa mère.

VALÉRIEN.

Où allons-nous donc, maman?

MAD. LOWE.

Pas loin... Reste-là...

VALÉRIEN, *tandis que Blum examine attentivement ses yeux.*

Pourquoi faire? (*moment de silence*) vous ne répondez pas? (*à part*) Qu'est-ce que c'est donc! (*haut*) Maman, j'ai réfléchi à ce que vous m'avez dit ce matin... Ce docteur, qui pourrait me rendre la vue...

MAD. LOWE.

Eh bien!

VALÉRIEN.

Je ne sais si je dois consentir...

MAD. LOWE, *avec inquiétude.*

Comment, mon fils, tu hésiterais?

VALÉRIEN.

Oui... on ne connaît pas les avantages et les douceurs de mon état... ils sont plus grands qu'on ne l'imagine... Si je ne jouis pas comme vous du spectacle de la nature, je jouis bien mieux des charmes de la musique, de ceux de la conversation; est-il besoin d'yeux pour s'entretenir avec les personnes que l'on aime, et n'est-ce pas là le premier des plaisirs?... Le monde est plein de malheureux, que j'ai de joie à les soulager! croyez-vous que vous entendiez leurs plaintes comme moi?... Il n'est personne dans la maison, dans ta société, maman, qui n'ait pour moi de l'amitié, de la bienveillance; il serait si facile, si honteux de me tromper! On s'attache à moi par les soins qu'on me rend, par les efforts que je fais pour les mériter, et personne n'en est jaloux... Si je voyais, ce serait peut-être aux dépens de mon caractère et de mon cœur. J'ai tant de raisons pour être bon! que deviendrais-je en perdant l'intérêt que j'inspire!... à tout moment on m'oblige, à tout moment j'ai le plaisir d'être reconnaissant... Qu'on me rende la vue, bientôt on ne s'occupera plus de moi.

MAD. LOWE.

Peux-tu le penser, cher Valérien? Va, tu seras toujours l'objet des soins, de la tendresse de ta mère... Tes illusions que j'aurais voulu moi-même augmenter, doivent maintenant disparaître (*regardant Blum qui paraît satisfait*) devant l'espoir d'un bonheur plus certain.

BLUM, *bas à mad. Lowe.*

Cela suffit.

VALÉRIEN.

Il me semble qu'il y a encore quelqu'un ici?

MAD. LOWE.

Viens, mon fils, je veux te ramener à ton pavillon... Mais

s'il le fallait, tu consentirais, n'est-ce pas ? ta mère t'en supplie, Valérien !

VALÉRIEN.

Eh bien !... puisque vous le voulez. (*Il reste avec sa mère dans le pavillon*).

SCÈNE XII.

BLUM, seul.

Si mon courage ne m'abandonne pas, si ma main ne tremble point... je dois réussir.

SCÈNE XIII.

BLUM, Mad. LOWE.

MAD. LOWE.

Eh bien, monsieur... quel est votre arrêt ?

BLUM.

Il n'est pas impossible de guérir votre fils.

MAD. LOWE.

Vous croyez ?

BLUM.

Oui, madame.

MAD. LOWE.

Ah ! monsieur, c'est le ciel qui vous envoie ! il y a dix ans que j'attendais.

BLUM.

Je ne promets rien, mais j'espère.

MAD. LOWE.

Maintenant, monsieur, je dois penser à vos intérêts, et vous dire quelle est notre position.

BLUM.

C'est inutile, madame.

MAD. LOWE.

Nous sommes riches, monsieur ; mon époux jouissait d'une très-grande considération ; si vous rendez la lumière à un fils unique, vous ouvrez pour notre famille le chemin à de nouveaux honneurs : comptez donc sur une récompense proportionnée à un tel bienfait.

BLUM.

Je ne vous dissimule pas que j'exige en effet un prix très-haut.

MAD. LOWE.

Quel qu'il soit, vous n'avez qu'à parler.

BLUM.

Je ne veux pas d'argent.

MAD. LOWE.

Comment !

BLUM.

Je m'expliquerai... si je réussis.

MAD. LOWE.

Eh bien !... venez donc, monsieur... je veux préparer mon fils à ce que vous allez entreprendre ; suivez-moi.

BLUM.

Madame, encore une grâce !

MAD. LOWE.

Laquelle !

BLUM.

Il faut vous éloigner pendant les premiers instans... le moindre trouble de votre part, un mot, un cri, la plus légère émotion, qui serait partagée par votre fils, pourrait lui devenir funeste.

MAD. LOWE.

Non, monsieur, je resterai ; mais ne craignez rien... je me contiendrai ; une mère est aussi courageuse que tendre... venez (*Elle l'entraîne dans le pavillon, et fait signe à Fritz qui paraît, de les suivre*).

BLUM, *à part apercevant Caroline qui sort de la maison et se dirige aussi vers le pavillon.*

Ciel !... c'est-elle ! Caroline ! ma mère ! soutenez mon courage ! (*Caroline s'arrête, saisie de surprise*).

SCÈNE XIV.

CAROLINE, seule.

Qu'ai-je vu ! ce docteur... quelle illusion ! et pourtant... je n'ose plus entrer... je frémis... Voici donc l'instant où Valérien... déjà, peut-être... Ah ! si notre attente était trompée... quelle douleur pour nous ! mais cet étranger... non c'est impossible !

SCÈNE XV.

CAROLINE, Mad. WARNING, CÉLINE.

MAD. WARNING.

Viens, ma fille, je ne puis résister plus long-temps à l'incertitude qui m'accable; sachons enfin ce qu'il faut craindre ou espérer.

CÉLINE.

Voici Caroline, maman; elle pourra nous instruire, (*à part, avecinquiétude*) je ne vois pas Valérien.

MAD. WARNING.

Chère Caroline...

CAROLINE.

Vous ici madame... dans quel moment !... venez-vous apprendre ?

MAD. WARNING.

Ma chère Caroline, quelle agitation !... qui peut causer le trouble où je te vois.

CAROLINE.

Ah ! vous ne savez pas ! (*montrant le pavillon*) Valérien !

MAD. WARNING.

Eh bien !

CAROLINE.

Le docteur Blum... là !

CÉLINE ET MAD. WARNING.

Grand Dieu !... (*Céline tombe à genoux*).

MAD. WARNING.

Le docteur Blum, ma Caroline ! l'as-tu vu? sais-tu... qu'il est...

CAROLINE.

On ouvre !!

SCÈNE XVI.

Mad. LOWE, VALÉRIEN, BLUM, FRITZ, Mad. WARNING, CÉLINE, CAROLINE.

(*Valérien les yeux bandés descend du pavillon, appuyé sur sa mère et suivi de Fritz, Blum les précède.*)

CÉLINE.

Je n'ose le regarder !

CAROLINE, *à part, reconnaissant Édouard.*

Mon cœur ne m'avait pas trompée.

MAD. LOWE, *à Blum.*

Peut-il voir maintenant ?

BLUM, *détachant le bandeau.*

Oui.

VALÉRIEN.

Je vois ! quelle clarté ! comme c'est beau ! (*saisissant la main de Blum*), mon bienfaiteur ! (*Blum place mad. Lowe devant lui, Valérien hésite un moment ; puis étendant les bras et se précipitant dans ceux de mad. Lowe, il s'écrie*, ma mère ! (*regardant Caroline et cherchant dans ses souvenirs*) vous... je crois vous avoir vue autrefois... mais...

CAROLINE.

Mon frère !...

VALÉRIEN.

Ma Caroline ! (*à Fritz qui s'avance en pleurant*), tu es le vieux Fritz... toi ! (*apercevant Céline qui se tient à l'écart, il veut courir à elle ; Blum le retient*), ah !

BLUM.

Point d'émotions trop fortes ! (*bas à mad. Lowe*), il faut que pendant quelques jours, on le prive encore de la lumiere.

VALÉRIEN, *à qui l'on présente le bandeau.*

Ah ! je vous le demande en grâce ! une minute, seulement je veux voir ma Céline, quand mes yeux devraient ensuite se refermer pour toujours.

MAD. LOWE.

Mon fils, je t'en prie !

VALÉRIEN.

Je veux la voir! (*à Céline*) Céline, est-ce toi? parle, que j'en soit sûr.

CÉLINE.

Oui, c'est moi.

VALÉRIEN.

Que tu es jolie !

FRITZ, *lui présentant le bandeau.*

Monsieur Valérien...

VALRÉIEN, *pendant qu'on met le bandeau.*

Oh! oui... faites tout ce que vous voudrez maintenant... La figure de Céline me sera toujours présente.

BLUM.

J'ai réussi, madame, permettez-moi de vous apprendre quel prix je mets à mes services. (*Mad. Warning et Céline s'approchent; toutes trois attendent avec anxiété ce qui va se passer*).

VALÉRIEN.

Dieu! quel son de voix! ce docteur... j'ai cru...

MAD. LOWE.

Oui, monsieur, je tiendrai ma promesse : demandez ma fortune, ma vie... vous m'avez rendu mon fils... dans mon bonheur, que pourrais-je vous refuser.

BLUM.

Vous allez me connaître, madame; je ne veux rien devoir à l'erreur où vous êtes...

CAROLINE, *à part.*

Ciel!

VALÉRIEN.

C'est lui! c'est lui, j'en suis sûr... c'est mon mon frère, c'est mon ami !

MAD. LOWE et FRITZ.

Que veut-il dire?

VALÉRIEN, *éperdu*

Ma mère! c'est Édouard.

MAD. LOWE.

Édouard !

SCÈNE XVII ET DERNIÈRE.

Les Précédens, KLINKER.

KLINKER, *à madame Warning.*

Eh! oui, Édouard Warning... quand je vous disais que c'était un savant que votre fils! vous ne vouliez pas me croire; vous n'en douterez peut-être plus, à présent que le prince l'a nommé son médecin ordinaire, et qu'il vous accorde, à sa considération, la pension que vous sollicitiez. (*à madame Lowe, après un silence*) Eh bien! madame?

MAD. LOWE.

Je ne m'attendais pas à trouver Édouard dans celui...

ÉDOUARD.

Ah! madame, sans l'espoir d'effacer les torts que j'eus autrefois, je n'aurais jamais osé me présenter devant vous; cet espoir ma soutenu pendant six ans d'exil et de regrets : seul il m'a inspiré l'idée d'acquérir un talent qui pouvait être utile à votre fils... Que de fois l'aurore m'a surpris étudiant encore... le désir de mériter mon pardon ne me laissait aucun repos...Ma mère me l'a déjà accordé; le prince, en m'honorant d'un titre flatteur, paraît avoir oublié les imprudences de ma jeunesse... vous seule, madame, me repousserez-vous toujours? (*regardant Caroline*) vous devinez sans doute la récompense que j'allais vous demander... me la refuserez-vous?

MAD. LOWE.

Je suis mère... puis-je vous haïr encore?

KLINLER, *à Édouard.*

Mais plus d'épigrammes, plus de satires.

ÉDOUARD.

Je n'en ai que trop apprécié les dangers; et voudrais-je m'y exposer de nouveau, lorsque la mère a retrouvé son fils, que le souverain a daigné accueillir son sujet, et que ce jour, deux fois heureux, me rend une famille et une patrie.

LA TOILE TOMBE.

FIN.

Le Libraire Pollet *est Éditeur des Pièces ci-après :*

f. c.

La Partie Fine, ou le Ménage du Marais, vaudeville en un acte de MM. *Carmouche* et *de Courcy*. . . . 1 25

Les Cinq Cousins, vaudeville - épisodique en un acte, de MM. *Maréchalle* et *Ch. Hubert*. . . . . « 75

Michel et Christine, vaudeville en 1 acte, de MM. *Scribe* et *Dupin*. 1 50

Chacun son Numero, ou le Petit Homme Gris, comédie-vaudeville en un acte, de MM. *Boirie*, *Daubigny* et *Carmouche* 1 25

Le Courrier de Naples, mélodrame historique en 3 actes, par MM. *Boirie*, *d'Aubigny* et *Poujol*. . . . . « 75

La Demoiselle et la Dame, ou Avant et Après, comédie-vaudeville en un acte, par MM. *Scribe*, *Dupin* et *F. de Courcy*. 1 50

Le Chateau de Kenilwort, mélodrame en 3 actes, par MM. *Boirie* et *Lemaire* . . . . 1 «

Paoli, ou les Corses et les Génois, mélodrame en 3 actes, par M. *Frédéric*. . . . 1 «

L'Ermite et la Pélerine, vaudeville, en un acte, par MM. *Merle*, *Carmouche* et *de Courcy*. . . . . 1 «

Le Pavillon des Fleurs, ou les Pêcheurs de Grenade, comédie en un acte et en prose, mêlée d'ariettes, par *R. C. Guilbert de Pixérécourt*, musique de *Dalayrac* . . . . 2 «

La Fermière, ou Mauvaise Tête et Bon Cœur, tableau villageois en un acte, par MM. *Brazier* et *Emile-Vander-Burch*. . . . 1 «

L'Inconnu, ou les Mystères, mélodrame en 3 actes, par MM. *Boullé*, *Mathias* et *Varez*. . . . . 1 «

Les Fiancés Tiroliens, ou les deux Bouquets, comédie en un acte, mêlée de couplets, par MM. *Dubois* et *Brazier* . . . . 1 «

L'Arracheur de Dents, vaudeville en un acte, par MM. *C. du Peuty* et *F. Villeneuve* . . . . 1 «

Le Meurtrier, ou le Dévoûment filial, mélodrame en 3 actes, à grand spectacle, par MM. *Edmond Crosnier* et *Saint-Hilaire*. . 1 «

Les deux Forçats, ou la Meûnière du Puy-de-Dôme, mélodrame en trois actes, par MM. Boirie, Carmouche et Poujol 1 25

Le Chateau de Loch-Leven, mélodrame historique en trois actes, par M. *Guilbert de Pixérécourt*. . . 1 50

La Fille a marier, ou la Double Education comédie vaudeville en un acte, par MM. *Menissier*, *St.-Hilaire* et *Ferdinand*. . . . . 1 «

Tringolini, ou le Double Enlèvement mélodrame comique en trois actes, par M. *St.-Hilaire*. . . . . 1 «

Le Dévouement filial, ou Marseille en 1720, mimodrame en un acte, par MM. Henri Simon et Ferdinand. « 75

Le Concert de village, folie-vaudeville en un acte, par MM. Ch. Hubert et Prosper Mars . . . . 1 «

La fausse clef, ou les deux Fils, mélodrame en 3 actes, par MM. Frédéric et Laqueyrie 1 25

Les deux fermiers, ou la Forêt de S.-Vallier, mélodrame en 3 actes, par MM. Menissier, Dubois et Saint-Ange-Martn . . . . 1 «

Les deux sergens, mélodrame en 3 actes, par M. d'Aubigny. 1 25

La famille Mensicoff, ou les Arrêts du destin, mélodrame en 3 actes, par M. Duperche. 1 25

SOUS PRESSE.

Le Remords, mélodrame en 3 actes.

Le Vendredi d'un usurier, comédie en 1 acte, par MM. Henri et Jules.

www.ingramcontent.com/pod-product-compliance
Ingram Content Group UK Ltd.
Pitfield, Milton Keynes, MK11 3LW, UK
UKHW020421220726
13923UKWH00005B/2087

9 782329 062112